당신은 여전히 당신

송영희 시집

시인동네 시인선 220　　　　　　　　송영희 시집

당신은 여전히 당신

시인동네

시인의 말

나 그때 정말 거기 있었을까.

그 두근거렸던 순간을 되찾으러 가는 길
빗물 머금은 보리수 나뭇잎들이 나를 이해하려고 몇 번인가 뒤집어지고
어두워지다 고요해졌다.

그 고요 속을
오래도록 걸었다.

2023년 11월
송영희

차례

시인의 말

제1부

조금 더 천천히 걷기 · 13
해바라기 · 14
고백의 위험 · 16
초록 스카프는 어디로 갔을까 · 18
저녁에 새들은 왔던 곳으로 날아간다 · 20
하얀 새 · 21
손수건 · 22
모르포나비 · 24
그래도 아직 누구의 등이 남아 있는지 · 26
화양연화 · 28
눈물 병(甁) · 29
나의 호접몽 · 30
뿌리에게 · 32
오늘의 경전 · 34

제2부

당신은 여전히 당신 · 37

빨강은 병이 아니야 · 38

오후 세 시 · 40

머나먼 안부 · 42

어떤 한 시간이 · 44

나중이라는 말 · 46

스무 살 · 47

모란 경전 · 48

마찰 · 50

내 몸이 지나가네 · 52

잡힌 것들이 어떻게 잎이 되어 나오니? · 54

이제 슬픔을 데리고 어디로 갈까요 · 56

달맞이꽃 · 58

제3부

냉이는 언제 캐는가 · 61

이십 분 · 62

춘자네 집 · 64

꽃, 그 이상의 열매 · 66

하양을 펼치다 · 68

피부의 미학 · 70

백색화엄 · 72

비의 잔 · 73

후회하지 않아 · 74

구어도(九漁圖) · 76

해벽 · 78

걷는 사람들 · 80

후생 · 82

제4부

그땐 그때구요 · 85

알 수 없는 먼 곳에서 · 86

어느 십이월의 페이지 · 88

네 잎의 화답 · 90

집(集)이 되는 방식 · 92

통(通) · 93

문섬 · 94

능소화 · 96

다시 돌아간다면 · 98

사이 · 99

가을과 겨울 사이 첫날 · 100

종일 폭설 · 102

해설 하나의 순간, 수많은 영원들 · 103
신상조(문학평론가)

제1부

조금 더 천천히 걷기

 이 길은 책을 닮았어요 몇 발자국 걷다 보면 한 페이지가 지나가요 보리수 열매를 찾으르니 휘리릭 다음 문장들이 펼쳐져요 어떤 풀숲에서는 후두둑 빗소리에 갇혀 있었지요 우두커니 한 글자만 바라볼 때도 있었고 그런 날은 어릴 적 슬픈 생각을 많이 한 날이기도 해요

 오늘은 무슨 기념일인 거 같아 두근두근 흘러가는 천변에서 날짜를 헤아렸어요 누추한 날들이 너무 많아서일까요 수치스러운 문장들은 왜 하필 이 길에서 또렷해질까요 독해가 어려웠던 날들, 믿어지지 않았던 행간들, 그러나 끝내 설명하지 않는 부호들…… 울먹이며 읽고 울먹이며 묻기도 했던 그 마음이 있어서인가요? 살수록 물음표가 더 좋아졌지요 날마다 다른 뜻이 있는 거 같아서

 이번 생도, 어차피 한 권의 책이려니…… 혼자 밑줄 그으며 걸어가는 석양빛, 그러나 늘 꿈꾸고 사랑했던 시간들 내가 이토록 애독하는 것을 알고 있을까요 그래요 그래서 오늘은 천천히 조금 더 천천히 걸을게요

해바라기

꽃들의 해맑은 얼굴 위로 빗줄기가 쏟아진다
슬프게 흐린 색을 칠하고
어제 즐겁던 애인은 오늘 삭제를 누르고 잠적이다

믿을 수 없는 한낮
구름 너머의 시간은 언제나 예감일 뿐
몸은 의심도 없이 익숙한 방향으로 한 발짝 기울어지는데
그래도 종일 눈을 깜빡이며
젖은 손으로 꼼꼼히 문장들을 적는다

깨달음들도 모두 빗물에 젖는다
앞 문장은 지워져 물거품
이유 없이 이별 선언을 받은 것처럼
이게 무어지?
믿음은 보이지 않는 것들의 실상이라지만
어제 보이던 화면이 오늘은 종일 보이지 않는다
위치 추적만 하다가
그러나 마음 그 끝에서는 서로 마주 닿을 수 있다고

그래서 이렇게 건디는 것이라고

믿음의 애인은 언제나 구름 너머에 살았다

고백의 위험

장작을 태우며 연기와 한 몸이 된다
나 참 오래 젖어 있었구나
몸도 마음도 푹 젖어 그것도 모르고 제단 앞에
슬프면 엎드렸구나

이 저녁
몸을 태우는 일이 가장 엄숙한 의식이라 한다면
불길을 바라보는 일도 한 생을 마주하는 일이라 한다면
바짝 잘 마른 장작도 못되면서
밤마다 고백이라니

나무의 심장이었는지, 노래였는지
어쩔 수 없이 사그라지는
오늘 내가 태워버린 이 나무의 기록들은
어떤 형상으로 몸을 뉘어 갔을지
아니면 서쪽 바람을 따라 다시 나무에게로 돌아갔는지

연기의 감정만 자욱한

언제나 나는 나이기 위해서 울었었지

갓 자른 나무일수록 축축해
오늘 저녁도 나는 젖은 연기를 토해놓을 것이다

초록 스카프는 어디로 갔을까

남해 몽돌 해변을 걸으며
목에 두른 스카프가 스르르 흘러내린 줄도 모르고
발자국 따라가며 받아적던 바람 문장도
같이 파도에 쓸려간 줄도 모르고
귀 안에 싸르르 싸르르 부딪치는 몽돌 소리만 담고 왔네

해안에서도 초록은 출렁출렁
바다의 목덜미에서 휘날렸지
내 최초의 믿음은 초록이었는데
나무의 잎들처럼 하루가 반짝일 거라 생각하며
사계절 목에 두르며
매일매일 싱그러워지려고 애쓰고 지치지 않았는데

초록을 위해 기도도 했지
때로 초록에 대해 오해도 하며
온갖 궁리를 하며 놓쳐버린 시간들도 있었지만
왜라는 질문을 해본 적은 한 번도 없었지
초록은 지금도 여전히 내 믿음

그런데 그날 아침 잃어버린 스카프는 어디서 찾나
혹 날개를 달고 기러기처럼 날아가지 않았을까
자유를 찾아 가물가물
어느 섬 물결들과 놀고 있지나 않을까

믿음을 놓친 내 허연 목덜미는
이렇게 끝없이 쓸쓸하고 고요하고 밋밋한데
바다는 끝없이 멀고

저녁에 새들은 왔던 곳으로 날아간다

어쩌지 못한 마음이 왜 점점 새 한 마리로 날아가게 되었는지, 어쩌다 서녘 구름을 타고 훨훨 우주 바깥으로 날아가길 원했었는지, 어둡고 흐릿한 그곳만, 그곳만 바라보며 종일 노래하게 되었는지, 흰 꽃나무에서만 울고 잎 붉은 다른 나무엔 왜 도무지 옮겨 앉지 못하는지,

배롱나무가 붉게 타오르는 동안
한 나무에 닿고 싶었던 순간들을 생각하며

서쪽은 아무나 볼 수 있는 나라가 아니라고
그 속에 경계가 있어 우리가 그렇게 적막을 바라보는 것이라고

그래서 낮과 밤이 있는 것이라고

하얀 새

남편은 자꾸 나뭇가지를 잘랐다. 삼색 버드나무는 폭염에도 잘 자랐다. 쉬땅나무 하얀 꽃들도 수수꽃다리 잎들도 눈부시게 자랐다. "자르지 말아요, 난 늘어진 잎사귀들이 참 좋더라" 그래도 남편은 톡톡 파랗게 잎 달린 가지들을 줄줄이 쳐냈다. 꽃가지들이 수북이 떨어졌다.

몸이 마르는 시간들이었다.

베어낸 가지 사이로 노을이 쏟아졌다. 마당 가득 붉은 강물이 출렁거렸다. 마당에 누군가 찾아온 거 같았는데, 분명 그림자를 보았는데 어디로 갔을까.

머리 하얀 새들이 잎새처럼 날아가고 있었다.

손수건

저녁이면 마당에 앉은 새들이 우르르 날아가는
주홍의 하늘과 들판과 망초 풀밭을 바라보던
여름날

늘 손수건을 손에 쥐고 다녔지만
펼치면 아무것도 없는
그러나 그 한 장의 여백이
내 하루의 문장이었고 구름이었고
한 잎이었던

그 한 장의 순결을 가지고
한 남자를 끝까지 따라가고 싶었지

은빛 선로를 따라 코스모스가 피어나던
참으로 눈부시던 철길 그 끝
그해 여름이 온 생의 숨은 하얀 시간이 될 줄이야

한 장 가득히 썼다가

한 줄 지우고 또 한 줄 지우고

오래, 하양의 구름만 남아 있는

모르포나비

접으면 청색 빛깔이 선연한
모르포나비
어느 젊은 여자 손목에서 보았다
날개 끝으로 스며든 투명 유리나비
각도에 따라 수시로 색이 변한다는
그러나 그 날개는 무서운 독을 품고 있다지

자기가 위험한 존재라는 것을 알리고 싶었을까
그 맹독으로 이미 죽은 몸이라고
증명하고 싶었을까
그래, 서로 죽을 만큼 사랑한다는 약속일지도 몰라
황홀한 무늬 속에 감추어진
간절한 타투 속 비밀
낯설었지만 후에 나도 자주 손목을
들여다보게 되었지

가끔 하염없는 발걸음 되어
팔찌 하나 손목에 차고 싶은 날

떨어뜨리면 금방 깨어져 버리는 구름의 수정알들처럼
내 마지막 남은 위험이라 해야 할까
심금이라 해야 할까

감정이란 얼마나 아슬아슬한 것인가

그래도 아직 누구의 등이 남아 있는지

김정미 작가의 단편을 읽다가
한 문장, 한 문장의 의미가 희미해진다
눈앞이 점점 침침해진다
감정의 속도도 쉬기를 반복한다

언젠가 너처럼
오래된 책의 정원 같은
오래된 기억들, 냄새들

책을 덮는다
산책을 나간다
걸음걸이 보폭도
개울물의 흐름도 점점 느려져
그래서 귀의 방은 새소리에 더 집중하나

점점 잠의 맛도 달라지더니
마을의 오래된 불빛처럼 헛헛한 꿈들이 자주 찾아온다

구름 위로만 산책하던 미래들
비누 거품 같은 기도문들도 이젠 거짓말 같지 않아
우주의 초침 소리만 들린다
그래도 아직 누구의 등이 남아 있는지
망초 수풀 속 꽃들이 막연하다

화양연화

백일홍 꽃밭에 가물가물 황홀의 손가락들

끝내 찾아내지 못한 절정의 비명들

한시도 눈 떼지 못한 몸부림의 부호들

다시 돌아와 와락 안긴 목덜미와 빛나는 머리카락들

왜 이곳이었을까 어디서부터였을까

거듭거듭 보이지 않는 것의 증거라고 증명하는

풍접초 사이 언뜻 빛나는 거미의 땀방울들

늦더위에 하냥 정처 없는 세 평 텃밭의 채소들

그래, 이렇게 살지 뭐— 하는 다짐들

눈물 병(甁)

 고대 이스라엘 백성들은 눈물 흘릴 때마다 그 눈물을 보관하는 유리병을 갖고 있었다고 하는데, 대부분 눈물 병을 몇 개씩은 지니고 살았다는데, 그 눈물 병은 주인이 죽었을 때 무덤 속에 같이 넣어 (천사가 눈물 병을 소중히 안고 천상으로 올라가 바치기 때문) 명복을 빌었다는데, 생전에 시편 백오십 편을 지은 다윗 왕도 이 눈물 병을 지녔다고 하는데, 그 지극한 눈물 못지않은 시인들의 시집이 원조 그 눈물 병은 아닌지, 시집들을 들여다보면 행간 사이사이 눈물 자국들 푸르게 아리게 스며 있는데, 오늘 한 젊은 시인이, 걸식을 하더라도 시만 쓰고 살면 좋겠다고, 눈물 글썽이며 벚나무 아래서 고백하는 것을 들었다

나의 호접몽

부채를 펼치면
하얗게 날아올랐다가
흩어지며 사라지는 나비들

한 마리 슬그머니 날개를 접고 내 목덜미 위로 내려앉는다
기웃이 나를 본다
어디 숨어 있다 왔니, 누가 내게로 보냈니?
묻고 있지만 바람은 다시 나비를 날려 보낸다

시원하게 머리카락이 날리고
속절없는 의문들이 날아가고
그사이 겹겹 꽃잎들도 접혔다 다시 피어나고

손아귀에서 흔들리는 한여름 풍경들
한지로 스며든 바람 한 자락이 허브향으로 남는다

문득 열리지 않는 문 앞에 서 있을 때
우리 잠시 쉬었다 가자

한풀 꺾인 뒤 스르르 펼쳐 보는 잠언처럼
바람의 속도는 내 문장이 되었고
감은 눈시울 밑으로 걸어온 길들이 언뜻 비추기도 하는

날아갔던 나비들 다시 날아온다
어릴 적 젊은 엄마의 자장가 소리를 모음으로
나풀나풀
그래 한숨 자고 일어나자
쥐었던 손이 나도 모르게 힘없이 풀려나간다

뿌리에게

쪽파 철이란다

엄동설한 이기고 통통 매운 살 오른
텃밭의 쪽파들 뽑고 다듬는다

눈 녹는 흙 암팡지게 붙은 잔뿌리들
털어내고 벗겨내는 일이
반나절

꾸역꾸역 봄눈
꾸역꾸역 슬픔
꾸역꾸역 목숨

쪽파김치가 내 잃은 입맛을 찾아줄까
아리고 슬픈 맛이 입안 가득 고이면
울컥 솟구치는 통증이 잡혀질까

음식 맛에도 감정이 있다지만

이른 봄 쪽파의 숨은 속내가 문득
누군가의 부음처럼 전해온다

오늘의 경전

큰 바윗덩이를
겹겹 뿌리로 감싸 안은 소나무 한 그루를 본다

그 근처 나무들은 저 홀로 쑥쑥 자유로운데
저 막무가내를 어쩌나
천형처럼 피하지도 않고

어쩌다 서로 말문이 트였는지
힘줄이 되고 얼개가 되어
전신을 다해 바치는
한 뿌리의 지극

저 갸륵한 한 나무의 가호가
오늘의 경전이다

제2부

당신은 여전히 당신

 창문 앞 동산이 꽃을 피우느라 눈을 감았다 떴다 어지러운가 보다
 좋은 시 몇 편 옮겨오는 나도 어질어질
 눈가가 침침하다

아침부터 시 읽기에 잠기고 꽃 번짐에 잠기다
저 봄볕에 화르르 발가벗고 싶은 충동

몇 년째 코로나19 마스크를 하고
내뱉은 숨을 내가 다시 먹고 살아도

봄은 여전히 봄
당신은 여전히 당신이라고 읽는
이 기묘한 날들의 후렴구

빨강은 병이 아니야

아침 일찍 앵두를 땄다
그녀가 온다고 했다

앵두는 바람기가 많은 입술
금방 터질 수 있지만
누구든 단단한 씨앗을 삼키지는 못해

앵두나무는 기다리는 사람
기다리기 위해 구애의 빨강을 매달고

그녀는 긴 원피스를 입고 왔다
키 작은 소녀 같았다

흰 접시에 앵두를 담고
우리는 처음인 듯 알맞게 익은 빨강들을 먹었다

쪽마루에 앉아 여긴 우물이 없어서 우리는 결코
바람은 나지 않을 거라고

그러나 이미 우린 우물가의 여인들
남자를 다섯이나 두었던 사마리아 여인*도
호밋자루 내던진 동네 처녀들도
다 어제의 일이 아닌 오늘

물동이 없는 여자들의 수첩엔 지금도
유월은 앵도(櫻桃)가 아닌
앵두라고 적는다

---

*사마리아 여인: 신약성서에 등장하는 수가성 우물가에 한 여인, 오정쯤 물 길으러 나와 예수를 만나 생수에 대한 영적 대화를 나누었다.

오후 세 시

오늘은
바람이 나를 오래 만졌다

우리는 무얼 위해 사는 건지
저 쥐똥나무에 깃든 새들처럼 바람을 만지며
날개만 퍼득였겠지

돌이킬 수 없는 사실들
한두 줄만 더 넣으면 될 것을
한두 줄 여백을 더 두었으면 좋았을 관계들

자주 아프고 자주 쓸쓸하고
그래서 가끔 기차 같은 바람을 타고 아래로아래로 흘러갔지
마당을 비우고
울타리 꽃나무들을 만지다 울적해하다가
고요해졌겠지

음식 냄새가 나지 않은 방들은 창문을 꼭꼭 잠그고

아침 음악을 기다리는 책상은 더 참혹했을 거야
햇살 속에 빈방은 더 깜깜해서
마음으로 오는 병보다 먼저 몸이 알아차리고
점점 고체가 되어 차갑게 식어가는 반응들

태풍이 오기 전 고요의 순간처럼
아슬아슬할 때마다
허공은 위험했지만 그 아래
정원의 체리나무는 올해도 순결하게 아픈 잎을 매달고

오후 세 시가 가끔은 이렇게 실루엣으로
아무렇지도 않게 한 세상을

머나먼 안부

잘 지냈어?
툭 던지는 안부 한 마디

식당 앞 한구석
흰 마거릿 두어 송이 피어 있고
창밖으론 소소히 떨어진
쥐똥나무 꽃잎들

멸치 밑반찬
그리고 풋고추 몇 개
소주잔 집는 소매 끝에
풀어진 실밥

무사 안녕 다행이라는 듯
눈 마주침도 없이
슬그머니
나물반찬 앞으로 밀어주는 점심 한 끼

아무렇지도 않게 미끌
바람이 미간을 누르고 지나간다

어떤 한 시간이

손등에 화상이 깊어
피부 이식을 한 적 있습니다

손 가까운 팔 안쪽에서 살갗을 떼어 옮겼는데
그때 처음으로 꽃잎 같은 내 표면을 보았습니다

무어라 부를까요?
환히 비치는 얇디얇은 투명비닐 같은
허물도 아니고 살빛도 아니고 나의 맨 나중이었으며
나의 처음, 나를 감싼 오래된 집

그 안에서 언제나 나는 나였다고
나의 모든 감정은 사실 이 진피였다고
기억을 담아 오래 숨을 쉬게 했다고
지금의 활력이었다고

오늘 문득 창문 앞 목련나무 한 그루
구름처럼 떠 있다가

모든 감정으로 만개했다가
오늘은 많이 격렬했었다고
건드리는 누군가 있었다고

그때 어떤 한 시간이 지나갔다고

나중이라는 말

나는 이제 연민에 대해 쓸 수도 없고, 울 수도 없다. 시야에서 점점 사라지는 눈빛, 미소, 가느다란 머리카락, 들릴 듯 말 듯 입술만 움직이며 안녕히 계세요. 체리나무를 심던 날이었다. 그래도 난 너를 위해 늘 기도할 거니까 아니에요. 나는 더 멀리 갈 거예요. 이제 이곳엔 안 와요. (나중에라도…… 나중은 없어요) 끝말 대신 등 뒤로 노란 꽃잎들이 우수수 흩어졌다. 우리는 걷고 있었다. 그게 최선이었다. 울음을 삼키려면 걸을 수밖에, 이상스럽게 넓은 길인데 사람들이 보이질 않았다. 누구라도 나타났으면, 점점 사이가 벌어지고 걷는 보폭도 엇나가기 시작했다. 나중이라는 말은 궁색한 말이었고 해서는 안 되는 말이었다. 옆을 건너다보았다. 작은 참새 한 마리가 떨고 있었다. 나중에, 나중에…… 체리나무에 빨간 열매가 달리면 (그 빨강을 이용하여 혹여라도, 아주 늦게라도, 부르지 마세요)

아이는 열두 살이었다.

스무 살

 그랬지, 그날은 최루탄 연기로 거리는 텅 비었었지. 청춘인데 긴 하루였고 우리는 둘 다 다분히 지루했지. 골목길 어느 작은 꽃집에서 나는 노랑 프리지어 한 다발을 샀고 바로 그날 이별을 예감했지. 밤의 향기를 맡았던가, 그날 밤 오랜 잠 속에서 누군가 흐느꼈지. 꽃의 몸에서도 철철 눈물이 흘렀지. 병 속의 뿌리는 모두 울음뿐이었지. 몇 번의 아침이 오고 저녁이 지나갔다. 잠 속에서 잠시 눈을 떴다가 울다가 그 상대가 꽃이었는지 미완성 교향곡이었는지 벽 속에 유리 꽃병만 세워놓고 나의 젊음은 그렇게 꽃병 속에서 사라졌지. 계엄령이 선포되고 오적(五賊)이 불온서적이 되고 신문들은 구겨지고 매일매일 위험했지.

 노랑의 스무 살이었어.

모란 경전

모란은 나의 첫 꽃

그 꽃은 어머니 시집오실 때 품고 오신
자주 공단에 수놓은 목단나무 꽃잎들
어머니 눈길 따라 나도
오래오래 마주 보며 자랐다

전쟁의 와중에도 몇 번의 이사에도
시들었다가도 다시 피어나는
한 세상이 봄인 듯
닿을 듯 말 듯 무량한 시간들 보이고

꽃망울에서 개화까지
시름도 많으시고 진통도 많았으련만
괜찮을 거야, 겨울잠 자고 나면 어디선가 새움이 돋는단다

그 가쁜 호흡 속
노년엔 성경 신구약 전편을

붓펜 바늘로 한 자 한 자 수놓아 필사하시더니
그 꽃들 이젠 수틀 속에서 빠져나와
바늘도 펜도 없이
내 창 앞에 한 그루 붉은 약속으로 피어나고 있는데

그런데 엄마
나 이제 어쩔 수 없이 엄마보다 눈물이 더 많아졌어
겨울잠 온 듯
아픈 것들 이렇게 참고 견디고 있는데

어디쯤 왔나, 묘약을 가진 꽃숨의 진언들

마찰

창밖, 마주 보이는
검은 바윗돌들 옆으로 해변이 있다
모슬포 쪽빛은 늘 불안해
그 난해한 감정들
넘실 달려오다 잡혀가듯 다시 날아간다

산과 바다가 만나는 오지의 바람
저녁 한 끼를 지으며 나,
언제 저렇게 바깥에 발붙였었나

파도 거품 속엔 누군가 쓰고 버린 과거들이
하얗게 죽은 껍질로 몰려와
모래 속에서 반짝이고 있다

수없이 몰려와 바위 앞에서 물기둥으로 솟는
순간의 갈피 속
어쩜 그도 나도 배우지 못한
낯선 생의 급류도 흐를 것이니

우리의 몸처럼
언제인가는 해일이 일어나고
지진으로 솟구칠 수도 있으려니

어둠에 들면
창밖의 파도들이 서로의 이름을 부르다 부르다
실신하듯 절벽 아래 묻힌다

내 몸이 지나가네

누엣머리를 닮았다는 무주 잠두에 와서
야생 복사나무를 보고 있는데
꿈속의 복사나무 꽃밭을 보고 있는데
애인도 아닌 사람이 자꾸 문자를 보낸다

어젠 밤새 비 내리고 바람 불고
그사이 잠두마을 복사꽃은 다 지고
나는 다 져버린 꽃 진 자리 배꼽만 보고 있는데

언제 사라졌다 다시 왔는지
버들잎 길게 풀어놓은 벼룻길 강물

애인도 아닌 사람은 여전히
너도 아프고 나도 아프니 봄이라고
톡톡

그러나 아직 흐르는 꽃이여 꽃이여,
불현듯 눈시울 붉은 도화연의 뱃길

도화살 붙은 몸과 몸이 후들후들 지나가고

그러다 홀연히
아주 홀연히

나비가 된 전생의 나를 만날 거 같은
내가 전생이 된 나비 한 마리 날아올 거 같은

잡힌 것들이 어떻게 잎이 되어 나오니?

손톱을 자른다
버들잎 가지런히

한 살 먹고 두 살 먹고
이십 년 사랑하고 삼십 년 동거하고
그러면서 연두 잎 자라고
머리칼도 자라고

참 많이도 잡아 먹었네
소 한 마리도 꿀꺽
꼬꼬 닭도 날름

엄마는 계속 내게 잡히고
나는 사정없이 엄마가 잡아 온 새벽 공양 눈물까지
똘망똘망 받아먹었지

엄마가 점점 하얘지는 사이
덕분에 나는 봄 나무처럼 오래오래 향기로웠다네

내게 먹힌 엄마가 하늘로 올라가도
내 손톱은 계속 자라나
나 어느새 하나님도 잡아 먹네

기도하는 그 손끝에 닿으려고
밤마다 구름 속 반달 잎 내놓고
버드나무 곁에서 함께

이제 슬픔을 데리고 어디로 갈까요

물방울 같기도
나뭇잎 같기도 한 악기 소리를 듣습니다

배 위에서 바라보는 어스름 풍경들
붉은 얼굴에 많은 그림자를 만듭니다
부겐빌레아 꽃잎들이 사라집니다

오늘은 어제가 아니었다고
그날그날 꽃잎들은 이렇게 잔물결로 흐른다고

노랫소리 들려옵니다
누구에겐가는 전해지고 누구에겐가는 흘러가는

그러나 저 노을 속 하얗게 빛나는 흔적들
처음은 어디라도 처음이니까
여행자처럼 스치는 죽음처럼

다시 춤추는 마호가니 소리

감겨오다 풀어지고 그러다 다시 감기는

그만 눈물을 멈추어요
다시는 돌아오지 않을 시간이지만
여기서는 이별이 선물이라지요

저 구름의 언덕도 마을도 갈매기도
우리는 무어라고 인사를 했을까요
출렁이는 바다의 등으로 한 잎 석양이 떨어지듯
그렇게 당신을 놓아버린 일

어서 떠나가야 합니다
붉은 바다가 오랜 사람의 이름을 부르기 전에

달맞이꽃

저물녘 누군가 어스름 오솔길로 들어서고 있다

그 발걸음 따라
두무골 굽이돌던 개울 물소리 따라오고
폐교된 운동장 너머 밤꽃 냄새 묻어오고
한낮 햇살에 말리지 못한 그늘도 차오르고
어미 둥지 찾지 못한 때까치 새끼들도 건너오고

뒤란 장독간으로 가던 할머니도 홀리듯 잠꼬대하듯
달맞이구나 달맞이구나

어둠이 환하게 밀려온다

제3부

냉이는 언제 캐는가

오래 바람 속을 걸었다
긴 논둑길을 걷고 또 걸었다
당신은 복원이라고 했던가
밭과 논두렁 잔설 사이 파르라니 물색이 돌고 있다
되돌아오기 싫어 마을 끝을 에돌며
오래된 것들은 흐르는 게 아니라 쌓이는 것

허공도 다칠세라
저렇게 살그머니 햇살 놓아주는

빈집 문 앞이 남향받이 텃밭이다

이십 분

후두둑 후둑 빗방울 만난다
맑던 하늘이 한순간 먹구름에 덮이고
빗줄기 주룩주룩 내려온다
걸음을 빨리해 둘러보아도 피할 곳은 없다
금계국 붓꽃 막 피기 시작한 천변 물가
울타리 싸리꽃들도 후줄근히 젖는다

망초잎이듯 나도 빠르게 젖는다
냇가는 어느새 수증기 속처럼 습기 가득하고
흠씬 젖어가는 오후의 어울림들이 물기로 변해간다

지금 몸 습도는 어디까지 올라갔을까
길 위에 직립으로 내려꽂히는
늘 첫 발자국인 빗줄기들의 발바닥
명쾌히 소란스럽다
출청출렁 빠르게 물소리는 속도를 내며 흘러가고
이미 냇물은 흙탕물로 바뀌고

이십여 분 세차던 빗줄기들이
새금새금 나른해진다
천천히 막이 내린다

반짝 당신을 보았던가
부지불식간 젖어 그냥 빗물이 되던

춘자네 집

가파도에 와서
파도 소리에 귀 열어놓고 잠드는 밤
해녀 춘자네 민박집은 천장이 어찌 이리 낮은지
섬을 돌다 마지막 배 놓치고
어정어정 게으르게 찾아간 집
춘자 씨는 바로 옆 마라도에 태어나 이곳 가파도로 시집와
섬에서만 칠십 넘어 살았다며
당시 남편은 폐병쟁이,
자기 아니면 금방이라도 죽을 거 같았다고
병시중 이십오 년,
그러나 조금도 후회 없는 세월이었다고
참 잘한 삶이었다고
전복처럼 쫄깃쫄깃 찰지게 풀어놓고
편한 잠자리 옷 건네주고 건너간다

섬은 좁아도 바다는 끝이 없다
저 파도가 좋아 섬을 떠난 적이 없다는 춘자 해녀처럼
누구나 일생 파도 소리 철썩철썩

품으며 잠들지 않던가

춘자 씨는 아침상에
낚시꾼이 잡아 온 뱅에돔으로
조림을 내놓았다

꽃, 그 이상의 열매

그래요, 늘 간절했지요
눈 뜨자마자 꽃피기를 기다리며
꽃, 그 이상의 열매를 상상하며
그러나 세상의 모든 관계들
서서히 익혀가기보다는
낯설게 유도해 가는
하양이었다가 회색이었다가

나직이
길게 짧게
아직도 내 마음은 빨강에 머물러 있어요
고백하지만
숨은 해안의 물보라처럼
기억해, 기억해?
그 안에 삼키고 말았던 대답

벌판을 걸어가는 하루가
가물가물 수수밭 사이로 묻히는데

우리 정말 오래되었어요

태양은 서쪽으로 차오르고
더듬어 오는 어둠들은 모두 한통속
설마 기다리는 것으로
더 위험해지지는 않겠지요?

하양을 펼치다

어릴 적 나는
엄마가 만들어 준 하얀 아사 손수건으로
붉고도 아린 사춘기를 보냈다

엄마는 손수건 한쪽 귀퉁이에 내 이름 영(玲) 자를 색실로 수놓아 주셨는데
그게 나라고, 마음이 다칠 때마다
그 여백에 잿빛의 글을 쓰고 지우곤 했다

열어보면 손바닥 안에 꼭꼭 쌓여 있던 비릿한 고백들과 절망의 페이지들
그 예감들은 비누로 빨아도
햇살에 말려도 날아가지 않았다

핸드백이 귀찮아질 나이가 되어
손수건 한 장만 들고 외출을 한다
펼치면 아무것도 없는

그 통증들 한 잎 눈송이였을까
가끔씩 어머니의 영(玲) 자를
손수건 한 장에서 찾아보다가 불러보다가
하양만 꼭 쥐었다 놓을 뿐……

피부의 미학

겨울 움파를 다듬으며
허물이 된 그의 한 겹 생을 벗겨낸다
눈보라를 막아주던 내밀한 막
감춰둔 살빛이 푸르고 맑다

비단 이 대파뿐일까
자목련 한 뿌리의 꽃잎도
저녁놀로 날아가는 백로 한 쌍의 날갯짓도
세상 모든 아름다움을 가진 이름들은
바로 이 물빛 투명한 표피 때문인 것을

사무침으로 지나온
끈적이는 눈물과 혈액
안으로 수많은 별들을 품고 있는
밤하늘의 앞면처럼

백날, 삼백 날도 더 전에
기꺼이 한 호흡의

푸른 문을 만들어 주던

그 씨앗의 하얀 심금(心琴)을 만진다

백색화엄

 자분자분 함박함박 하양의 입술들이 온 마을을 먹고 있어요 방금 걸어왔던 하천의 물길과 수풀 그 옆에 놓인 벤치, 남은 온기, 어찌 저런 가능했던 것들이 시나브로 고요히 한 채의 이불 속으로 들어가는지…… 아무도 그 안을 열어보지 않는데 그림자도 없는 당신은 누구인가요? 모두 나에게서 떠나가요 사르르 눈꺼풀에 쌓이는 홀연한 꽃잎들, 꽃잠인가요? 이건 꽃눈이 아니예요 잠깐의 휴식이 아니었으면 좋겠어요 모든 날들이 한순간에 사라질 수 있지만, 서서히 소멸될 수 있지만 이렇게 잠자는 방식으로 함께 비밀을 공유한다는 거, 깊이 포옹할 수 있다는 거, 생애에 몇 번이나 우리가 우리를 용서할 수 있을까요 애초부터 흰색은 내용이 하나도 없었는지 몰라요 내 안에 있던 어린아이가 다시 태어나고, 하얀 피를 수혈받으며 당신이 없는 몸 안으로 자꾸 포개지면서 아, 아직 우리는 기도가 남아 있어요

비의 잔

온라인으로 치르는 장례식
영구차 한 대가 눈앞에서 지나간다

비를 맞으며 떠나는 지상의 마지막 길
화면 속으로 많은 사람들이 그 가는 길에 돌을 던진다

죄 없는 자 돌로 치라는 경전이
오늘은 아무 설득력이 없다

당시엔 간음했다는 여인이 큰길 한복판에서 돌을 맞았지만
지금은 모두 추행한 남자들이 돌을 맞는다
1차, 2차, 3차…… 누명의 질타들은 언제까지일까
구경꾼들이 혀를 차며 돌아선다

지워도 지워지지 않는 꽃의 지문 속으로
끝까지 걸어가는 사람
홀로 빗물 되어서

후회하지 않아

뜰 안에 키 큰 은행나무
며칠 동안 황금색 부호들을 수북수북 떨구더니
온 마당, 마법 같은 천연 양탄자를 펼쳐놓았다

바람에 날려 구석진 곳까지 골고루
한동안은 저 노랑의 눈부신 지저귐이 창문 위 지붕까지 올라가겠지
물든 색들은 얼마나 많은 추억들이 스며 있는지
그 이야기의 조잘거림들이 마당을 종일 울릴 터

사각사각 수런수런 하롱하롱
자기 몸들이 점점 얇아지는 줄도 모르고
낙하한 뒤 이 한 세상이 그 한 세상인 줄 알고
핏줄 더 선명히
서로서로 황홀한 무늬를 만들어 가며

그렇지, 그래
더불어 지내온 눈물들도 주거니 받거니

그 수다 얼마나 얼마나 하염없는지
밤낮이 없는지
점점 구수해지는지

세상에 한 점 부끄럼 없는, 이후를 본다는 건

구어도(九漁圖)*

푸르른 물결 속으로 은은히 나팔 소리 울려온다
아니 흘러간 음반이었나
물의 몸들이 움직이고 음표를 달기 시작하고
경쾌한 리듬을 따라
화르르 잠에서 깨어나는 내적 중력의 물고기들

비늘 솟구치며
날아오르기도 하고 빙빙 돌기도 하고 앞뒤 뒤집기도 하며
흔들리는 수초 건반 사이로
왈츠인가 탱고인가 연습인가

우리의 꼬리들은 순수히 즐겁고
우리 귀는 변함없이 맑고
우리의 투명한 입술은 영원히 거짓을 모르고
댄스 댄스 댄스
이 밤 태평성대는 금빛 은빛으로
돌고 도는 물고기들뿐

수면 위 뭍에서는 아무도 이 일을 알지 못하고
오직 물속으로 길게 가지를 내린 버드나무 잎들만
빠른 붓놀림으로
황홀한 연당을 그려내고 있다

---

*송재철 화백의 민화 작품.

해벽

하염없이 일몰을 기다리는 저녁
듬성듬성 모래밭에 찍혀 있던 발자국들
한순간 파도에 씻겨 나간다

방금 누가 내 뒤로 지나갔나

평생 일렁이는 바닷속
어머니의 그 깊은 어둠을 들여다본다
내 이름도 흘리듯
은파의 손등으로 새겨본다
얼룩도 없이 사라지는 오래된 집, 파란 대문의 식구들
무너지고 떠나가고
오랜 기억들은 그래서 이렇게 겹겹 벽이 되는지

순간 간절하게 떠오르는 얼굴들
그들이 그립고 편안하길 바라며
누군가 다시 노을빛 이대로
아프게 떠나간다 한들

해안선 그 끝에서
바다는 자신의 온몸을 파묻는다

걷는 사람들

한 섬에 도착했다
소금창고와 폐기물 쓰레기들만 쌓여 있는
오래 버려진 섬

해변은 어느 곳으로든 처음 시작
섬에 머무르려면 종일 파도와 구름과 바람과 함께 걸어야 하는데
는개 내리고

승선하는 배가 올 때까지
솔숲 빗물에 젖으며
우리는 자코메티의 걷는 사람*이 되었다

나라 밖에서 섬으로 건너온 사람들
저마다 폐까지 쌓인 미세먼지를 발등까지 털어내며
자갈돌들처럼 깨끗하고자 했는데

환경 증후군 나그네들이여

저 남겨놓은 알몸의 부끄러움들은 어쩔 것인가
파도에도 씻기지 않는 마음 자락들은 또 어쩔 것인가

버려진 한 섬의 마음 읽기가
어찌 일독으로 끝날 수 있나
그래도 같이 느리게 걸어가는 누군가 있어서
그 뒤에 흐릿한 는개가 좋아서
모두 이 섬 주인인 거 같아서

무리 지는 수선화 환하다

---

*스위스의 조각가이자 화가인 알베르토 자코메티의 조각 〈working me〉.

후생

나는 다시 돌아올 거예요 당신은 그날을 추억하며 꽃밭을 만들었지요 제일 먼저 심은 꽃 히야신스, 그 꽃 속에 내가 있었지요 나는 후생이지만 다시 돌아올 거예요 골짜기로 들어가던 어귀 시냇물이 흘러가던 곳 하얗게 구름 한쪽이 흘러와 서쪽으로 기울어지던 곳 가여웠어요 당신의 슬픔, 당신의 괴로움, 당신이 당신을 버리던 그 밤의 통곡, 피 토하듯 고백하던 그 정한수 한 모금을 오늘은 하염없는 눈발 속에서 읽고 있지요 나는 떠난 듯 다시 돌아올 거예요 너무 멀리서 걸어와 고요하기만 한 이 겨울, 그때까지 당신 언제나처럼 참 착한 사람으로 남아 있었으면 좋겠어요 백지 한 장으로 온 세상을 덮은 선한 함박눈처럼

제4부

그땐 그때구요

텃밭 한쪽, 딸기 모종을 심는데 이웃집 할머니 한마디 하신다. 아니, 그 옆에 부추 열무 자라고 있는데 딸기를 심으면 나중에 어쩌누. 금방 퍼져 부추랑 열무 다 덮어버릴 거구먼. 그땐 그때구요. 하얀 딸기꽃도 이쁘고 딸기는 또 얼마나 잘 열릴 텐데요.

아직 볼이 발그레한 손녀가 어리광 부리듯 두 뺨에 볼우물을 만들고 싶단다. 이담에 볼살이 빠지면 이쁜 뺨에 자칫 주름으로 남겨질지 모를 휴유증이 있어요. 성형외과 의사가 웃으며 설명을 하자 저승점이라나? 검버섯 빼러 온 할머니를 바라보며 그땐 그때구요. 입꼬리도 올리고 싶은데요……

잔디밭에 돋은 잡풀을 뽑는데 남편은 한 손으로 줄기만 잡아당기며 풀을 뽑는다. 아고, 풀은 호미로 뿌리째 뽑아야지, 그렇게 하면 땅속에 뿌리가 다시 살아나요. 몇 번을 일러주어도 여전히 손아귀로 잡아당기기만 한다. 아, 그렇게 하면 하나 마나라니까요. 소리를 질러대도 천연덕스럽게 어차피 돌아서면 바로 등장할 텐데 그땐 그때구. 지금 풀만 안 보이면 되니깐.

알 수 없는 먼 곳에서

 가을밤이었지요. 청청한 창공을 뚫고 들려오는 휘파람새 울음소리에 잠이 깨였지요. 얼마나 높고 청량한 울림인지 허공 그 고요의 심금까지 흔들며 올라가는 듯 그 음폭은 끝 간 데 없이 퍼져 황홀했지요. 밖을 내다보니 밤빛은 보름이 아닌데도 사방이 푸른 아우라로 가득하여 마당이 훤히 다 보였어요. 이 깊은 밤에 휘파람새라니, 어느 나무에서 우는 것이기에 이리 가까이 들리는 것일까. 마당의 나무들을 어림짐작으로 훑어보아도 새들은 기척도 없었지요. 봄날의 접동새도 아니고 서늘한 가을밤 새가 울다니, 잠을 설치게 하던 그 아름다운 휘파람새 소리는 고맙게도 다음 날도 그다음 날도 계속 들려왔어요. 그때마다 난 잠이 깨었구요.

 그렇게 아름다운 새소리에 빠진 며칠 후 마을 이장을 만나 물었지요. 요즘 한밤에 우는 휘파람새가 있는데 그 이름이 무어냐고? 아이고 새는 무슨 새, 그게 뱀 울음소리에요. 이맘때가 짝짓기 철이라 암컷을 부르는 소리예요. 그 소리에 멀리 천리만리에서도 연인이 찾아온다네요. 듣다 보니 어릴 적 남동생이 한밤에 휘파람 불면 아서라, 뱀 나온다 뱀! 말리시던 할머니가 생각났지요. 뱀은 날개가 없지만 때로 휙 몸을 솟구쳐 날기도 한다는 얘기를 들었지만 피리 소리처럼 아름다운 목청도 가지고 있다니. 그 아름다운 음색으로 먼 곳에서, 알 수 없는 먼 곳에서 만 리를 마다치 않고 찾아오는 가을밤의 연인은 또 얼마나 아름다울까요. 들깨를 털며 햇고추를 거두며 배암의 휘파람 소리를 듣던 강원 산골이었지요.

어느 십이월의 페이지

집을 떠나가고 싶은 적 한두 번이었나
어둠 속 눈 맞는 풍경들이 순간 또 순간 흔들리며 모습을 버린다
슬그머니 창밖으로 몸을 내민다
함박함박 떨어지는 눈송이들, 한 채의 집
내가 버린 기억들이지
그 속엔 쓰다 만 시집 한 권의 문장들이 고스란히 남아 있다

하루하루가 어느 누구의 하루이기도 했다
이해하려고 애쓰며 그 마음을 돌았지
일 년 내내 그랬어

이제 그 앞마당에 눈이 내린다
누군가 불현듯 초대해 준 낯익은 곳
들여다보니 비로소 내 얼굴이 보인다
눈송이들이 내장된 그 모습들을 똑바로 찾아내고 있다

슬프다고 눈물을 모아둔 곳

아프다고 새벽이면 대문을 따고 달아나고 싶었던 곳
나무의자에서 늘 쓰디쓴 풀냄새가 나던

지울 수 없는 후회들을 지우라고 차마 하늘은
한 페이지를 이렇게 남겨놓으셨나
종소리처럼

네 잎의 화답

세 잎 사이에서 네 잎을 찾는다

마치 물 위에 떠 있듯
이 아침은 온통 세 잎들의 세상

어떤 희망을 발견해 그리워하는 거
이렇게 글자 한 자를 찾아 헤매는 거
아직 덜 찾은 무엇이 있었나
어제도 그랬었나

이젠 빠져나와야지
두 눈이 가물가물해

아, 그런데 있네!
세 잎에 다른 한 잎이 겹쳐 있었나

서서 놀라고 그러다 허리 낮추고
결국은 주저앉아

손가락으로 조심히 들추어 보는데

본다는 건
시선과 시선에 온전히 붙들려
이렇게 은밀히 건너가는 일
숨죽이며 눈을 감았다 떠보는 일

서로의 몸이 이슬 젖은 맨발이라고 확인하는 순간
토끼풀이 건네준 네 잎의 화답

오늘 쓸까 말까 한 시 한 편 마무리되리라

집(集)이 되는 방식

결빙의 신혼 방을 지나
나의 언 발은 여름이 되어도 녹지 않았다

적어도 내가 사는 영월이 그랬다
산토끼가 그랬고 냇물이 그랬고
소나무 둥치 밑이 그랬다

자주 눈이 내리는 날보다 한 번 내린 눈이
단단히 여물며 녹지 못한다는 거
점점 두꺼워진다는 거

그 흰빛으로 다시
겹겹의 눈보라
엄동의 바람 소리 자꾸 되돌아오는

통(通)

  요란한 밤이 오고 있다, 장미의 검붉은 꽃잎들이 자꾸 창문을 열었다 닫았다 암호 같은 냄새를 피우기 시작하면 한낮의 뜨거운 바람들도 슬그머니 뒷물 끝내고, 드디어 개구리들 떼창 시작한다 논물이 돌아 호수가 되면 저렇듯 막무가내, 일제히 와랑와랑 부르고 싶은 이름들 마음대로 불러제끼는데, 뜰 안의 옥매도 살구꽃도 절로 자기의 입술과 어둠 속 귀를 만져본다 물속 울림의 파동은 오로지 육체의 감정, 내일은 믿을 수 없다고 목청 다해 어서 몰입하라는데, 왜 저 숨막힘들은 슬프고 처절하냐…… 그 체위는 어제나 오늘이나 변하지도 않는다고 타박하는 밤, 물빛 도는 시절이 와도 너의 통법은 변하지 않는다고, 그래서 영영 나는 너를 사랑할 수 없다고, 그래도 그래도 그 캄캄함을 온몸으로 풀어내며 물러나지 않는 질척이는 울음소리에 마루뜰* 온 마을이 펑펑 젖고 있다

---

*용인시 백암면에 있는 근곡리의 다른 이름. 온 마을이 흙 속에 돌이 없다 하여 붙여짐.

문섬

바다는 아직 시가 되지 못하고

겹겹 흥건히
울컥울컥 파도들
그렇다고 내 슬픔을 아무 데나 내려놓을 순 없지

발바닥 파랗도록 견뎌내며
자주 발목까지 아팠던 시간들
어쩌다 건너온 검은 돌들 사이로
바닥까지 솟구치는 그 희디흰, 살 속에
아직도 마음이란 걸 붙들고 있다니

결국 여기까지인가 하는 순간
어디서 걸어 나왔나
수평선 끝에서 서서히 폭발하는

언제 저런 시 한 편 쓰려나
그 노을 비린내도 없이 먹먹히 마시는데

조금씩 조금씩
다시, 포구 쪽으로 달려드는
위태로운 입술, 입술들

수상한 저 보라가 겹쳐지며 바다의 골짜기
검은 뼈들이 보인다

능소화

해마다 광야의 말씀은 걸어가는 방향을 다르게 잡았다
젖과 꿀의 땅을 찾아 이 길 저 길
온몸을 기울이며 걸어갔겠지
아침이면 어제보다 더 많은 발자국들이 보이고
어제보다 더 오래 마음을 만졌는지
어린 꽃들이 축축이 줄기마다 피어나고 있었다

곧 주홍의 숲을 이룰 거 같았다
허공에 뜬 숲
꽃들 사이 작은 사잇길이 보이고
구름 기둥 한쪽 그늘은 늘 붉고 어두웠다

여름 한낮 그 그늘에 앉아 곧 장마가 올 텐데
동백처럼 뚝뚝 저 꽃들도 낭자하게 붉은빛으로
한 생을 풀어놓고 갈 텐데
광야의 말씀을 다 기록했을까
묻고 또 묻고 싶은데

해마다 내 여름도
허공 한쪽 40일쯤 오르다 오르다 무릎 꺾인
기도문들이 있었다

다시 돌아간다면

텃밭 한 귀퉁이 메밀꽃 하얗게 피어나는
수런수런 별자리 더듬어 고추농사 슬그머니 확인하러 가는 농막
발소리 익숙할 수 있다면야

하얗게 눈 쌓이는 마당 끝 흙방에 자주자주 군불 때며
그대는 기타 치고
나는 밀린 책 읽으며 스르르 잠에 들 수 있다면야

야생화 이름은 물론 방방곡곡 청청지역 지리는 훤히 밝아
고단한 맘 쉬러 갈 며칠을
넉넉히 데려다줄 수 있다면야

나날이 깊어지는 혜안이라면
그런 나이 듦이라면

사이

보고 싶은 영화 한 편 떠올라 누군가 같이 가려는데 갑자기 아무도 생각나지 않는다 나 모르는 사이 모두 어디로 갔나 핸드폰 기호 속엔 그런대로 이름들 빼곡한데 아무래도 내 과거 도둑맞은 기분이다 청춘이 암살당한 느낌이다 오래된 낡은 수첩까지 꺼내 뒤적뒤적 살피는데 얼굴이 떠오르지 않는다 산책을 나갈 때도 남편과 함께는 왠지 불편하여 혼자 집을 나설 때가 많다 이젠 보폭도 거리도 서로 달라져 묵묵함이 더 편한 사이, 서로 편한 걸음으로 따로국밥이 되고 있다 이래서 혼밥, 혼술, 혼영이라는 신종어가 생겨났겠다 사이가 불편하면 그냥 사이를 품고 살아도 불편함이 없는 시대다 이웃도 친구도 오래된 관계들이 점점 멀어진다

오늘은 추적추적 비까지 내리고, 영화관에서 홀로 〈암살〉을 보고 있다

가을과 겨울 사이 첫날

하얗게 서리 내린 콩밭
늦더위 뜨거운 몸들이 냉하게 녹아 있다

눈썹에 달려드는 미간의 기척들
알맞게 마른 것들이 서걱이며 입술을 연다

제 몸의 아픈 것들
그렇지, 오늘은 조금 더 헐거워져서 멀리 볼 수 있다면

당당히 열매가 맺히려고
햇살도 절로 통증이 오고
콩잎도 눈주름으로 접혀가고

그 얼굴이 얼마나 좋은데
그 밭에 앉아 있기 얼마나 편한데

멀리서 보면 더 좋아지는 논밭 사잇길
고백이 필요 없는, 숨쉬기 좋은

오늘은 아궁이에
불 넣으러 가는 날

종일 폭설

하염없이 저렇게 푹푹 들판에나 앉아 보았으면 나풀나풀 흰 나비 몸짓으로 날아 소나무 솔잎에나 펄썩 주저앉아 보았으면, 이 눈 다 하면 새로 동방박사 별자리 이야기 분명 들려올 것이고 그때의 베들레헴처럼 세상은 여전히 슬프고 배고프고 고독한데 왜 그래, 왜 그래 설화(屑話)들만 손안에 가득한 얼굴이네 맘대로 공중에 떠올린 이름 짓물러 반죽하고 헤집어 밤마다 문자 휘날리고 더 이상 비참해지지 말자 제발 고요하기를 오늘 진심으로 바라고 있는 끝없이 저 만발하는 혼령들, 펑펑 숨을 쏟아내는 숨비소리 밀물 소리, 창문이 보이지 않을 때까지

당신은 아무렇지 않은가요 지나가는 풍경인가요

해설

하나의 순간, 수많은 영원들

신상조(문학평론가)

 송영희의 시를 읽으며 마샬 어번(Marshall Urban)이 말한 말의 세 가지 기능을 떠올렸다. 마샬 어번은 무언가를 가리키거나 혹은 지시하는 기능, 감탄사와 의성어의 경우처럼 물리적이고 심리적인 자극에 본능적으로 혹은 자발적으로 반응하는 기능, 그리고 표상으로서의 기호이며 상징이기도 한 표상적 기능으로 말의 기능을 구분한다. 물론 모든 언어적 표현에는 이러한 세 가지의 기능이 다른 수준에서 상이한 강도를 가지되 종합적이거나 중층적으로 실현된다. 혹자의 지적처럼 "지시적이고 감정적인 요소를 갖지 않는 표상은 없으며, 지시와 감정에 대해서도 같은 말을 할 수 있다."

 그렇더라도 내면 깊숙한 곳에서 말들이 꿈틀대고 요동치는 사실을 예민하게 의식하는 자, 자기 내면에 갇힌 말들을 밖으로 끄집어내어 재생의 과정을 거친 후 새롭게 탄생시키는 사람이 시인이라고 할 때, 논리의 힘만으로 이해가 불가능한 이 지상의 목소리는 '물리적이고 심리적인 자극에 본능적으로 혹은 자발적으로 반응하는 기능'을 향한 편애를 드러낸다. 그리고 송영희의 시는 특히 그러하다. 그의 시가 시인의 내부에 있는 무언가를 우리에게 전하는 일이 "우리의 내부에 있는 무언가를 발견하게 하는 일"이기도 한 이유가 그러하다. 옥타비오 파스는 그의 시론에서 "무심의 언저리를 건드리는 것이 얼마나 어려운 일인지 우리 모두 잘 알고 있다."라고 이야기했지만, 우리는 송영희의 시가 우리의 내부에 자리한 무심의 언저리를 건드리고 사라지는 감각으로 말미암아 순간순간 소스라치게 된다. 그러니 이 수동적이면서도 샘솟듯 충만한 정서적 경험을 무어라 이름 붙일 수 있을까?

변화·부재·상실·소멸 등은 인간 의식의 심층에 자리한 근원적 비애에 닿아 있다. 그런 점에서 예술의 진정한 주제는 나타남과 사라짐, 출현과 그 출현이 예감하는 소멸이다. 조지 B. 세이츠(George Brackett Seitz) 감독의 웨스턴 영화 〈모히칸족의 최후〉 엔딩에서 인디언들은 서부의 광활한 풍경 속에 녹아 들어가듯 사라진다. 감독은 오버랩 기법처럼 지워지면서 사라지는 모습을 보여줌으로써 최후의 인디언 종족을 영원히 기억한다. 나타남과 사라짐을 테마로 하는 영화의 좋은

본보기다. 철학은 다소 무미건조한 어조로 그리스 신화에 등장하는 '테세우스의 배'가 가진 역설을 빌미로 나타남과 사라짐을 질문한다. 테세우스의 배는 그리스 신화에 등장하는 역설로, 대상의 원래 요소가 교체된 후에도 그 대상은 여전히 동일한 대상인지에 대한 사고 실험이다. 고대의 철학자들은 "수 세기가 지나 테세우스의 배의 모든 부분이 교체된다면 그 시점의 배는 원래 배와 여전히 같은 배라고 할 수 있는가?"라는 질문을 던졌다.

송영희 시집 『당신은 여전히 당신』 역시 나타남과 사라짐이라는 현상에 골몰한다. 이는 시인이 오랫동안 천착한 테마이기도 하다. 백인덕 시인이 송영희 시인의 『우리는 점점 모르는 사이가 되어가고』의 해설에서 "이 시집을 공감하는 자세로 읽는다는 것은 슬픔에 기초한 언어들의 음영(陰影)과 자취, 나아가 명멸(明滅)을 아파하는 것"이라고 할 때의 저 '명멸'이 바로 그것이다. 시인은 이번 시집 『당신은 여전히 당신』에서 이러한 테마를 '정지와 예감'의 방식으로 표현한다. 이는 현존하는 현실을 정지시키고, 그리고 그 현실이 앞으로 사라지리라는 것을 인정하며 구축하는 방식이다.

    장작을 태우며 연기와 한 몸이 된다
    나 참 오래 젖어 있었구나
    몸도 마음도 푹 젖어 그것도 모르고 제단 앞에

슬프면 엎드렸구나

이 저녁
몸을 태우는 일이 가장 엄숙한 의식이라 한다면
불길을 바라보는 일도 한 생을 마주하는 일이라 한다면
바짝 잘 마른 장작도 못되면서
밤마다 고백이라니

나무의 심장이었는지, 노래였는지
어쩔 수 없이 사그라지는
오늘 내가 태워버린 이 나무의 기록들은
어떤 형상으로 몸을 뉘어 갔을지
아니면 서쪽 바람을 따라 다시 나무에게로 돌아갔는지

연기의 감정만 자욱한
언제나 나는 나이기 위해서 울었었지

갓 자른 나무일수록 축축해
오늘 저녁도 나는 젖은 연기를 토해놓을 것이다
　　　　　　　　　　　　　　—「고백의 위험」 전문

　장작을 태우는 일이 몸을 태우는 일로 바뀌어 있다. 태우는 주체에서 타는 객체로의 전이(轉移)다. 불길과 마주해 있던 시인은 자신을 장작과 동일시하거나("이 저녁 몸을 태우는 일이 가장 엄숙한 의식이라 한다면"), 자신을 객관화하며("불길을 바라보는 일도 한 생을 마주하는 일이라 한다면") 제단 앞에 엎드려 절대자에게 간구하듯 자신의 생을 '고백'한다. 장작은 '갓 자른 나무'의 축축함을 간직하고 있고, 그 축축함은 "바짝 잘 마른 장작도 못되면서" 생이라는 제단 앞에 자신을 불사르는 시인이라는 존재로 전화(轉化)한다.

'갓 자른 나무'가 가지는 의미는 중층적이다. 잘 마르지 않아서 연기만 피우는 장작을 의미하는 동시에, '갓'은 "몸을 태우는 일"에 해당하는 "엄숙한 의식"이 진지함을 동반한 일상적 실천임을 강조한다. 또한 '갓 자른 나무'는 "나 참 오래 젖어 있었구나"라는 구절과 의미가 중첩됨으로써 다양한 해석을 낳는다. 갓 자른 나무의 "축축"함에서 환기되는 건 제단에 바치는 제물에서 흘러나오는 피다. 또한 '젖어 있는 나무'란 생의 전 과정에 관여하는 삶의 비의를 암시한다. 이처럼 불길에 타오르는 장작이 시인의 현존을 빗댄 사물이라고 할 때, 그 사물의 현존이 잡을 수도 없고 만질 수도 없는 '연기'로 드러남은 의미심장하다. 연기는 "어떤 형상으로 몸을 뉘어 갔을지/아니면 서쪽 바람을 따라 다시 나무에게로 돌아갔는지"를 짐작할 수 없는 무형의 형체인 역설적 존재이자, 분명 존재하지만 사라지는 상태에 불과하기 때문이다. 다시 말해 송영희 시에서의 연기는 현존하는 존재의 현실을 정시시킨 모습, 장차 그 현실이 가뭇없이 사라지리라는 것을 예감케 하는 '위험한' 사물이다.

"스르르 흘러내린 줄도 모르고" 걷다 잃어버린 "남해 몽돌해변"에서의 "스카프", 그날 그 바닷가에서 "파도에 쓸려간 줄도 모르고" 바다의 전언을 "받아 적던 바람 문장"(「초록 스카프는 어디로 갔을까」), "어제"는 즐거운 관계였으나 "오늘 삭제를 누르고 잠적한 애인"(「해바라기」), 사라지는 "부겐빌레아 꽃잎들"(「이제 슬픔을 데리고 어디로 갈까요」), "한순간 파도에 씻겨나"가는 "모래밭에 찍혀 있던 발자국들"(「해벽」), "비를 맞으며 떠나는" 온라인 속 "영구차 한 대"(「비의 잔」)…… 이처럼 송영희의 시는 잃어버린 사물들, 사라지는 중이거나 사라진 대상들에 대한 기록이다. 그중에서도 연기는 바람 따라 사라질 무형의 형체이자 존재함과 존재하지 않음의 혼종으로, 죽음을 배태한 존재의 삶을 명시(明視)한다. 하지만 송영희의 시에서 삶의 의지는 구체적 몸통도 없거니와 자신을 통제할 힘도 가지지 못한 연기로 나타난다. "연기의 감정만 자욱"하지만 "오늘 저녁도 나는 젖은 연기를 토해놓을 것이다"라는 고백은 "나는 나이기 위해서"란 구절과 화답하고, "나는 나이기 위해서"란 구절은 '당신은 여전히 당신'이라는 시집 제목과 정확히 대응한다. 소멸을 예감하는 시인의 시가 삶 너머의 "서쪽"을 향해 "적막을 바라보는" 시선으로 아득히 깊어지는 이유이

리라.

어쩌지 못한 마음이 왜 점점 새 한 마리로 날아가게 되었는지, 어쩌다 서녘 구름을 타고 훨훨 우주 바깥으로 날아가길 원했었는지, 어둡고 흐릿한 그곳만, 그곳만 바라보며 종일 노래하게 되었는지, 흰 꽃나무에서만 울고 잎 붉은 다른 나무엔 왜 도무지 옮겨 앉지 못하는지,

배롱나무가 붉게 타오르는 동안
한 나무에 닿고 싶었던 순간들을 생각하며

서쪽은 아무나 볼 수 있는 나라가 아니라고
그 속에 경계가 있어 우리가 그렇게 적막을 바라보는 것이라고

그래서 낮과 밤이 있는 것이라고
―「저녁에 새들은 왔던 곳으로 날아간다」 전문

나무는 붙박여 있다. 붙박인 것들일수록 바람에 혼신으로 흔들린다. 떠나려는 몸짓이다. 그러니 달아날 수 없는 마음이 새를 꿈꾸었을 것이다. "서녘 구름을 타고 훨훨 우주 바깥으로 날아가길 원"했던 마음, "흰 꽃나무에서" 멀리 달아나 "잎

붉은 다른 나무"에 닿고 싶었던 마음, "배롱나무가 붉게 타오르는 동안/한 나무에 닿고 싶었"지만 닿지 못한 채 돌아온 마음이 "서쪽"을 향해 앉았다. 일몰의 시간과 너머의 공간을 환기하는 서쪽은 "아무나 볼 수 있는 나라가 아"니라고 시인은 말한다. "그렇게"는 상태, 모양, 성질 따위가 그와 같다는 의미이고, "그래서"는 앞의 내용이 뒤의 내용의 원인이나 근거, 조건 따위가 될 때 사용되는 접속 조사다. 서쪽의 '경계'가 적막을 바라보는 상태를 낳는다면, 또한 그 서쪽의 '경계'가 낮과 밤을 있게 하는 이유다. 시의 제목에 등장하는 시간이 "저녁"임을 잊지 말자. 저녁은 낮에서 밤으로 넘어가는 경계의 시간이다. 결국 저녁에 당도한 마음이 바라보는 적막이다. 우리는 시인이 제시한 이 간접적이고 암시적인 메타포를 통해 그의 마음을 더듬는다. 시에서의 서쪽은 육신을 지운 영혼이 당도할 처소를 상징하기 이전에 그곳을 예감하는 마음의 형이상학, 멀리 달아나길 원했으나 돌아온 마음이 바라보는 '영원'이다.

적막을 바라보는 송영희의 시는 외부의 풍경과 내면을 겹쳐놓음으로써 삶의 깊은 의미를 투시적 상상력으로 길어낸다. 바깥의 풍경으로 내면을 들여다보는, 사물 너머 세계에 대한 투시적 사유는 한 송이 꽃이 개화하는 순간이 만물이 열리는 시간이고, 한 송이 꽃이 낙화하는 순간이 만물이 닫히는 시간임을 깨닫는 홀황(惚恍)의 시심이다. 홀황은 노자의 '도

덕경'에 나오는 말로, 모양 없는 모양, 형상 없는 형상, 끝없이 이어져 있지만 모든 물(物)이 이곳으로 다시 돌아가는 것을 이르는 말이다. 시작과 끝을 관통하며, 모양은 다양하나 만물이 하나임을 아는 시심은 이것과 저것을 가르고 '나'와 '너'를 나누는 모든 구분을 해체한다.

    누엣머리를 닮았다는 무주 잠두에 와서
    야생 복사나무를 보고 있는데
    꿈속의 복사나무 꽃밭을 보고 있는데
    애인도 아닌 사람이 자꾸 문자를 보낸다

    어젠 밤새 비 내리고 바람 불고
    그사이 잠두마을 복사꽃은 다 지고
    나는 다 져버린 꽃 진 자리 배꼽만 보고 있는데

    언제 사라졌다 다시 왔는지
    버들잎 길게 풀어놓은 벼룻길 강물

    애인도 아닌 사람은 여전히
    너도 아프고 나도 아프니 봄이라고
    톡톡

그러나 아직 흐르는 꽃이여 꽃이여,
불현듯 눈시울 붉은 도화연의 뱃길
도화살 붙은 몸과 몸이 후들후들 지나가고

그러다 홀연히
아주 홀연히

나비가 된 전생의 나를 만날 거 같은
내가 전생이 된 나비 한 마리 날아올 거 같은
　　　　　　　　─「내 몸이 지나가네」 전문

 전라북도 무주의 잠두길을 지나던 한 여행객은 "나제통문 지나 옛 백제 땅에 들어선다. 길은 남대천 따라 흐르고 천변의 벚꽃 행렬은 끊임이 없다."라며 그곳에서의 감흥을 이렇게 덧붙인다. "복사꽃 띄워 물은 아득히, 분명 여기는 별천지인 것을……" 조항산(鳥項山)에서 내리뻗은 능선이 일곱 개의 봉을 이루는데 그 모습이 마치 누에머리처럼 생겼다고 해서 '뉘머리', '누구머리' 등으로 부르다가 한자화 되어 '잠두'가 되었다는 마을. 그 잠두에서 화자가 보고 있는 야생 복사나무는 '야생'이라는 단어와 '복사나무'의 조합 그 자체만으로 신비롭다. 복사나무의 꽃과 열매는 고전에서 흔히 다른 세계로 넘어가는 문을 상징한다. "꿈속의 복사나무 꽃밭을 보고 있"다는 시적 정황이 꿈인지 현실인지 헛갈리고, 현실이라도 현실을 초월하는 분위기를 가지는 이유다.

시인이 잠두에 도착한 때는 꽃을 보기엔 이미 늦어서, "어젯 밤새 비 내리고 바람 불"어 "그사이 잠두마을 복사꽃은" 자취도 없다. "다 져버린 꽃 진 자리 배꼽만 보고 있"던 시인은, "그러나 아직 흐르는 꽃이여 꽃이여,"라며 거듭 탄식하듯 노래한다. 오늘의 몸이 죽고 내일 다시 죽을 몸으로 태어나는 이 무한 반복. 이미 지나버린 과거에 아직 도래하지 않은 미래를 겹쳐놓는 속수무책의 홀황이다. 우리는 꽃이 진 자리에 다시 꽃이 흐름을 예감하는 홀황을 시인과 함께 경험한다. 이는 꽃이 지는 시간과 꽃이 피는 시간 사이의 시차, 꽃이 져버린 자리와 흐르는 꽃 사이의 거리가 무화되는 데서 오는 황홀한 경험이다. 그런 의미에서 이 시의 진정한 미의식은 '내 몸이 지나가네'라는 함축적 제목만으로 충분하고 자족적이다. "애인도 아닌 사람"이지만 "너도 아프고 나도 아프니 봄"이라는 카톡이 수면에 던지는 돌멩이처럼 마음에 파문을 일으키듯, 복사꽃 진 자리를 바라보는 시인은 "불현듯 눈시울 붉은" 도화로 피고 지며 "도화살 붙은 몸과 몸이 후들후들 지나"감을 느낀다. 아니 겪는다. 그런즉 시인으로 복사꽃 진 자리를 바라보는 지금은 한 마리 나비였던 아득한 과거이면서 복사꽃으로 흐를 먼 미래이기도 하다. 시인과 복사꽃과 나비는 각각의 다른 몸이면서 도화살 붙은 한 몸으로 전생과 현생과 내

생을 지나간다. 이는 시인과 복사꽃과 나비의 구분이 해체되는 일이자, 순간을 대하며 영원을 느끼는 찰나의 의식이다. 이러한 시인의 의식은 다음 시에서 양상을 달리하며 드러난다.

> 후두둑 후둑 빗방울 만난다
> 맑던 하늘이 한순간 먹구름에 덮이고
> 빗줄기 주룩주룩 내려온다
> 걸음을 빨리해 둘러보아도 피할 곳은 없다
> 금계국 붓꽃 막 피기 시작한 천변 물가
> 울타리 싸리꽃들도 후줄근히 젖는다
>
> 망초잎이듯 나도 빠르게 젖는다
> 냇가는 어느새 수증기 속처럼 습기 가득하고
> 흠씬 젖어가는 오후의 어울림들이 물기로 변해간다
>
> 지금 몸 습도는 어디까지 올라갔을까
> 길 위에 직립으로 내려꽂히는
> 늘 첫 발자국인 빗줄기들의 발바닥
> 명쾌히 소란스럽다
> 출렁출렁 빠르게 물소리는 속도를 내며 흘러가고
> 이미 냇물은 흙탕물로 바뀌고

이십여 분 세차던 빗줄기들이
　　새금새금 나른해진다
　　천천히 막이 내린다

　　반짝 당신을 보았던가
　　부지불식간 젖어 그냥 빗물이 되던
　　　　　　　　　　　　　—「이십 분」전문

 만해에게 "지리한 장마 끝에 서풍에 몰려가는 무서운 검은 구름의 터진 틈으로 언뜻언뜻 보이는 푸른 하늘"이 "당신의 얼굴"이라면, 구름과 대지 사이를 관통하는 번개처럼 '나'가 보고 말았던 '당신' 역시 구도적 동경을 담은 절대자의 얼굴인 걸까?

 송영희 시에서의 당신은 '나'를 초월하거나 '나'와 분리되지 않는다. "금계국 붓꽃 막 피기 시작한 천변 물가"에 "직립으로 내려꽂히는" 비로 "울타리 싸리꽃들도 후줄근히 젖"는다. "망초잎"도 "냇물"도 "나"도 젖는다. 그 "이십여 분 세차던 빗줄기들이" 쏟아지던 사이로 보이던 "당신" 역시 "부지불식간 젖어 그냥 빗물이" 된다. 세찬 빗줄기에 '나'를 비롯한 천변 전체가 젖었다가 그 비 그치자 "새금새금 나른해"지는 물리적 시간이 "이십 분"이라면, 모든 물(物)이 시작된 데로 돌아가 하나로 환원되는 시간은 "반짝"하는 순간이다. "매일 아침 깨어나는 것은 하나의 세계가 아니라 수백만의 세계, 이 세상에 존재하는 사람들의 눈동자와 지성들과 같은 수만큼의 세계들"이라고 프루스트는 말한다. 이를테면 시에서의 '당신'은 하나가 젖으면 다른 하나가 젖는 세계를 의식하는 주체이자 그가 의식하는 세계 전부다.

날개에 무서운 맹독을 품고 있는 "모르포나비"의 "황홀한 무늬"(「모르포나비」)를 손목에 새기고 싶던 욕망, 그러나 그 욕망의 파란 잎들이 줄줄이 가지치기 당하던 "몸이 마르는 시간"을 통과해온 생의 "감정이란 얼마나 아슬아슬한 것"(「하얀 새」)인지……. 어쩌면 송영희의 시는 저러한 욕망과 욕망의 억눌림 사이에 펼쳐진 한 권의 책을 천천히 읽는 일인지 모르겠다. 책을 읽어나가는 시인은 자신의 생을 기록하는 저자이기도 해서, 그가 읽는(쓰는) 책은 "한 줄 지우고 또 한 줄 지"운 끝에 남은 행간의 "여백"(「손수건」)과 "물음표"를 숱하게 품은 문장으로 지어져 있다.

이 길은 책을 닮았어요 몇 발자국 걷다 보면 한 페이지가 지나가요 보리수 열매를 찾으려니 휘리릭 다음 문장들이 펼쳐져요 어떤 풀숲에서는 후두둑 빗소리에 갇혀 있었지요 우두커니 한 글자만 바라볼 때도 있었고 그런 날은 어릴 적 슬픈 생각을 많이 한 날이기도 해요 오늘은 무슨 기념일인 거 같아 두근두근 흘러가는 천변에서 날짜를 헤아렸어요 누추한 날들이 너무 많아서일까요 수치스러운 문장들은 왜 하필 이 길에서 또렷해질까요 독해가 어려웠던 날들, 믿어지지 않았던 행간들, 그러나 끝내 설명하지 않는 부호들…… 울먹이며 읽고 울먹이며 묻기도 했던 그 마음이 있어서인가요? 살수록 물음표가 더 좋아졌지요 날마다 다른 뜻이 있는 거 같아서

　　이번 생도, 어차피 한 권의 책이려니…… 혼자 밑줄 그으며 걸어가는 석양빛, 그러나 늘 꿈꾸고 사랑했던 시간들 내가 이토록 애독하는 것을 알고 있을까요 그래요 그래서 오늘은 천천히 조금 더 천천히 걸을게요
　　　　　　　　　　　　―「조금 더 천천히 걷기」 전문

　"길은 책을 닮았"다고 한다. 길의 은유인 '책'은 문학에서 '길'이 가지는 함축적 의미대로 인생을 상징한다. 생의 다른 이름인 이 책에는 아무라도 그러하듯 시인이 경험한 "어릴 적 슬픈" 일들과, 그가 감추고 싶은 "누추"하고 "수치스러운" 일들이 기록되어 있다. 시인은 지나온 낭패와 실패와 좌절의 나날들을 "독해가 어려웠던 날들, 믿어지지 않았던 행간들, 그러나 끝내 설명하지 않는 부호들"이라 요약한다. 그렇더라도 시인은 "살수록 물음표가 더 좋아졌"다라는 고백으로 생의 여

백을 긍정한다. 새의 날갯짓이 바람과 허공을 품어야 가능하듯, "다른 뜻"을 품고 있는 물음표는 해독되지 않은 여백 그대로의 방식으로 문장과 문장을 긴밀히 연결하며 영향을 주고받기 때문이다. 그의 해석에 따르자면 우리의 생은 다 알거나 예측하기 어려운, 이해할 수 없는 문장의 연쇄로 이루어진 한 권의 책이다. 먼 데 너울이 가까운 너울로 이어지듯, A에서 C, D에 이르는 송영희 시에서의 이러한 진자운동은 "늘 꿈꾸고 사랑했던 시간들 내가 이토록 애독하는 것을 알고 있을까요"라는 목소리로 승화된다. 이 처연하고 아름다운 목소리는 우리 내면에 자리한 무심의 언저리를 건드리며 멀리멀리, 퍼져나가 아득히 사라진다.

    백일홍 꽃밭에 가물가물 황홀의 손가락들

    끝내 찾아내지 못한 절정의 비명들

    한시도 눈 떼지 못한 몸부림의 부호들

    다시 돌아와 와락 안긴 목덜미와 빛나는 머리카락들

    왜 이곳이었을까 어디서부터였을까

거듭거듭 보이지 않는 것의 증거라고 증명하는

풍접초 사이 언뜻 빛나는 거미의 땀방울들

늦더위에 하냥 정처 없는 세 평 텃밭의 채소들

그래, 이렇게 살지 뭐— 하는 다짐들
—「화양연화」 전문

  송영희의 시를 읽는다. "왜 이곳이었을까 어디서부터였을까"를 질문하며 눈 들어보니 생의 순간순간은 "화양연화"였다. "거듭거듭 보이지 않는 것의 증거라고 증명하는" 죽고 태어남의 무한한 반복이었다.

  거미줄에 맺힌 이슬이거나 "거미의 땀방울들"처럼 찬란한 허무가 시의 아름다움을 빚는다. 몸 가진 것들의 소멸을 아파하는 눈 붉은 석양빛의 글쓰기. 송영희의 시는 가벼운 수사나 말의 미로를 넘어서서 가슴 울리는 절절한 서정으로 우리에게 다가온다. "그래요 그래서 오늘은 천천히 조금 더 천천히"(「조금 더 천천히 걷기」) 이 시집을 읽어야겠다.

시인동네 시인선 220

당신은 여전히 당신

ⓒ 송영희

초판 1쇄 인쇄	2023년 11월 20일
초판 1쇄 발행	2023년 11월 27일
지은이	송영희
펴낸이	김석봉
디자인	헤이존
펴낸곳	문학의전당
출판등록	제448-251002012000043호
주소	충북 단양군 적성면 도곡파랑로 178
전화	043-421-1977
전자우편	sbpoem@naver.com

ISBN 979-11-5896-625-6 03810

*이 책의 판권은 지은이와 문학의전당에 있습니다.
*양측의 서면 동의 없는 무단 전재 및 복제를 금합니다.
*잘못 만들어진 책은 바꿔드립니다.
*이 시집은 용인특례시 용인문화재단의 2023년도 문화예술공모지원사업을 지원받아 발간 제작되었습니다.